Wie man macht 1 Million US-Dollar Mit Bitcoin

Von Thomas Spiteri

Kapitel

1. Einführung in Bitcoin: Die Grundlagen der Blockchain-Technologie und Kryptowährung
2. Die Bitcoin-Wirtschaft verstehen: Marktanalyse und Anlagestrategien
3. Bitcoin Mining: Der Prozess der Erstellung neuer Bitcoins
4. Bitcoin-Transaktionen und Wallet-Management: So kaufen, verkaufen und sichern Sie Ihre Bitcoins
5. Die rechtliche und regulatorische Landschaft von Bitcoin: Navigieren in der komplexen Welt der Kryptowährungsgesetze
6. Bitcoin und die Zukunft der Zahlungssysteme: Wie die Blockchain-Technologie die Art und Weise verändert, wie wir für Waren und Dienstleistungen bezahlen
7. Bitcoin und Blockchain für Unternehmen: Wie Unternehmen die Technologie nutzen, um Branchen zu stören
8. Fortgeschrittene Themen in Bitcoin: Von Smart Contracts zu Lightning Networks
9. Bitcoin-Sicherheit und Datenschutz: Schutz Ihrer digitalen Assets vor Hackern und Betrügern
10. Fazit: Die Auswirkungen von Bitcoin auf das globale Finanzsystem und die Zukunft des Geldes.
11. Bonuskapitel: Die besten Unternehmen, die Sie kaufen können, verwalten und sichern Ihre Bitcoins.

Kapitel 1
Die Grundlagen der Blockchain-Technologie und Kryptowährung

In diesem ersten Kapitel geben wir einen Überblick über die Geschichte, Technologie und den aktuellen Stand der als Bitcoin bekannten Kryptowährung. In diesem Kapitel werden die Ursprünge von Bitcoin, die zugrunde liegende Blockchain-Technologie und die aktuellen Anwendungsfälle behandelt. Wir werden auch die wichtigsten Konzepte und Begriffe im Zusammenhang mit Bitcoin diskutieren, wie Mining, Wallets und Smart Contracts. Am Ende dieses Kapitels werden die Leser ein solides Verständnis der Grundlagen von Bitcoin und der möglichen Auswirkungen auf die Zukunft von Finanzen und Technologie haben.

1. Der Ursprung von Bitcoin:

Die Ursprünge von Bitcoin gehen auf das Whitepaper des Pseudonyms Satoshi Nakamoto aus dem Jahr 2008 zurück. Dieses Papier mit dem Titel "Bitcoin: Ein Peer-to-Peer Electronic Cash System" beschrieb eine neue Art von dezentraler digitaler Währung, die direkt zwischen Einzelpersonen übertragen werden konnte, ohne dass eine zentrale Behörde erforderlich ist. Die wichtigste Innovation hinter Bitcoin war die Verwendung einer Blockchain, eines verteilten Ledgers, das jede Transaktion aufzeichnet und von einem Netzwerk von Computern verwaltet wird. Diese Technologie stellte sicher, dass alle Transaktionen transparent, sicher und manipulationssicher waren, und ebnete den Weg für die Entwicklung anderer Kryptowährungen.

2. Blockchain-Technologie

Die Blockchain-Technologie ist das Rückgrat der Kryptowährung Bitcoin und ist im Wesentlichen ein digitales Hauptbuch, das

Transaktionen über ein dezentrales Computernetzwerk aufzeichnet und überprüft. Es ist ein dezentrales und verteiltes Ledger, das alle Transaktionen auf sichere und transparente Weise aufzeichnet. Die Technologie verwendet Kryptographie, um die Transaktionen zu sichern und die Erstellung neuer Einheiten einer bestimmten Kryptowährung zu steuern. Jeder Block in der Kette enthält eine Reihe von Transaktionen und einen Verweis auf den vorherigen Block, wodurch eine Kette von Blöcken entsteht, daher der Name Blockchain. Dies ermöglicht es dem Netzwerk, eine konsistente und unveränderliche Aufzeichnung aller Transaktionen zu führen, ohne dass ein zentraler Vermittler erforderlich ist.

3. Heutige Nutzung

Bitcoin wurde seit seiner Gründung für eine Vielzahl von Zwecken verwendet, darunter als Wertaufbewahrungsmittel, Tauschmittel und spekulative Investition. Einer der bekanntesten Anwendungsfälle für Bitcoin ist eine Form von digitalem Gold, da es viele der gleichen Eigenschaften wie Gold aufweist, einschließlich Knappheit und Dezentralisierung. Darüber hinaus wurde Bitcoin als Zahlungsmittel für Waren und Dienstleistungen verwendet, insbesondere im Online-Bereich, wo traditionelle Zahlungsmethoden möglicherweise nicht so leicht zugänglich sind. In jüngerer Zeit wurde Bitcoin auch als spekulative Investition verwendet, wobei viele die Kryptowährung kauften und hielten, mit der Erwartung, dass ihr Wert im Laufe der Zeit zunimmt. Die Verwendung von Bitcoin wurde auch verwendet, um illegale Aktivitäten wie Geldwäsche zu erleichtern, da es Gelder schnell und anonym bewegen kann.

4. Bergbau

Mining ist der Prozess, bei dem neue Bitcoin-Transaktionen zur Blockchain, dem öffentlichen Hauptbuch aller Bitcoin-Transaktionen, hinzugefügt werden. Es ist auch der Prozess, durch den neue Bitcoins erstellt werden. Der Prozess des Minings beinhaltet die Verwendung spezieller Software, um komplexe mathematische Probleme zu lösen, die zur Validierung und Aufzeichnung von Transaktionen in der Blockchain verwendet werden. Als Belohnung für ihre Bemühungen erhalten Miner eine bestimmte Menge neuer Bitcoins. Der Prozess des Bergbaus ist ressourcenintensiv konzipiert und erfordert daher eine erhebliche Menge an Rechenleistung. Dies soll sicherstellen, dass die Erstellung neuer Bitcoins ein kostspieliger Prozess ist und dass das Angebot an Bitcoin begrenzt ist, wie im ursprünglichen Whitepaper beschrieben.

5. Brieftaschen

Eine Bitcoin-Brieftasche ist ein Softwareprogramm, in dem Bitcoins gespeichert werden. Um technisch korrekt zu sein, werden Bitcoins nirgendwo gespeichert; Es gibt einen privaten Schlüssel (Geheimnummer) für jede Bitcoin-Adresse, die in der Bitcoin-Brieftasche der Person gespeichert ist, der das Guthaben gehört. Bitcoin-Wallets erleichtern das Senden und Empfangen von Bitcoins und geben dem Benutzer das Eigentum am Bitcoin-Guthaben. Die Bitcoin-Brieftasche gibt es in vielen Formen; Desktop, Mobile, Web und Hardware sind die vier Haupttypen von Wallets

6. Intelligente Verträge

Smart Contracts sind selbstausführende Verträge, bei denen die Bedingungen der Vereinbarung zwischen Käufer und Verkäufer direkt in Codezeilen geschrieben werden. Der Code und die erzwungenen Vereinbarungen existieren über ein dezentrales Netzwerk und werden automatisch ausgeführt. Smart Contracts ermöglichen die Automatisierung digitaler Assets und ermöglichen die Erstellung dezentraler Apps (dApps) in Blockchain-Netzwerken. Sie haben das Potenzial, viele Branchen zu rationalisieren und zu automatisieren, von Immobilien bis hin zum Supply Chain Management.

Kapitel 2
Die Bitcoin-Wirtschaft verstehen: Marktanalyse und Anlagestrategien

In diesem Kapitel werden wir uns mit dem aktuellen Stand des Bitcoin-Marktes befassen und verschiedene Strategien zur Analyse und Investition in Bitcoin untersuchen. Wir beginnen mit der Erörterung der Grundlagen der Marktanalyse, einschließlich der technischen Analyse, der Fundamentalanalyse und der Stimmungsanalyse.

Als nächstes werden wir die verschiedenen Anlagestrategien wie Halten, Handeln und Mining sowie die Vor- und Nachteile jeder einzelnen untersuchen. Wir werden auch das Konzept der Diversifizierung behandeln und wie man ein abgerundetes Portfolio von Kryptowährungen erstellt.

Darüber hinaus werden wir die Risiken und Vorteile einer Investition in Bitcoin diskutieren und wie Sie sich vor möglichen Verlusten schützen können. Am Ende dieses Kapitels haben Sie ein solides Verständnis des Bitcoin-Marktes und wie Sie eine profitable Anlagestrategie erstellen können.

1. **Der Bitcoin-Markt**

Bis heute wurden fast 19 Millionen von den 21 Millionen Vorräten abgebaut.
Grundsätzlich sind nur noch 2 Millionen übrig, so dass Sie erwarten können, dass der Preis von Bitcoin exponentiell steigt.

Die nächste Bitcoin-Halbierung soll etwa im Mai 2024 stattfinden.

Was ist Halbierung und wie wirkt es sich auf das Mining von Bitcoin aus?

Eine Bitcoin-Halbierung (manchmal "Halbierung") ist ein Ereignis, bei dem die Belohnung für den Abbau neuer Blöcke halbiert wird, was bedeutet, dass Bergleute 50% weniger Bitcoins für die Überprüfung von Transaktionen erhalten. Bitcoin-Halbierungen sollen alle 210.000 Blöcke - etwa alle vier Jahre - erfolgen, bis das maximale Angebot von 21 Millionen Bitcoins durch das Netzwerk generiert wurde.

Bitcoin-Halbierungen sind wichtige Ereignisse für Händler, da sie die Anzahl der neuen Bitcoins reduzieren, die vom Netzwerk generiert werden. Dies begrenzt das Angebot an neuen Münzen, so dass die Preise steigen könnten, wenn die Nachfrage stark bleibt. Während dies in den Monaten vor und nach früheren Halbierungen geschehen ist - was dazu führte, dass der Preis von Bitcoin schnell aufstieg -, sind die Umstände jeder Halbierung unterschiedlich und die Nachfrage nach Bitcoin kann stark schwanken.

2. **Die verschiedenen Strategien zur Analyse und Investition in Bitcoin**

Holding bleibt die beste Strategie, um in Bitcoin zu investieren. Bitcoin wird innerhalb von 15 bis 20 Jahren 1 Million US-Dollar pro Münze erreichen. Obwohl es sehr volatil war und volatil bleiben wird, hat Bitcoin den Nasdaq wie alle anderen Wertpapiere verfolgt, so dass es fair ist zu sagen, dass es seinen Platz als digitaler Wertspeicher hat, ein digitales Gold im Wesentlichen.

Der Handel mit Bitcoin kann lohnend sein, wenn Sie genau wissen, was Sie tun und über das technische Wissen verfügen, um dies zu tun. Diejenigen, die auf Marge handeln, gehen Risiken ein, besonders in den unsicheren Zeiten, in denen wir uns jetzt befinden.

Ein Flash-Crash und Sie stehen vor einem Margin Call und riskieren, alle Ihre Investitionen zu verlieren, und wir haben es immer wieder gesehen.
Aber wenn Sie schauen, wo Bitcoin im Jahr 2015 und jetzt war, dann sehen Sie, dass Sie im Geld sind, wenn Sie zur richtigen Zeit investiert haben.

Ist es zu spät für eine Investition? Absolut nicht und Sie sollten wiederkehrende Käufe mit allem in Betracht ziehen, was Sie sparen können. Aber Bitcoin sollte nicht 100% Ihres Portfolios ausmachen.

Wenn Sie ein Trader mit etwas technischem Wissen sind, können Sie den gleitenden Durchschnitt und den Relative Strength Index (RSI) sowie andere technische Charts verwenden, um Kauf- und Verkaufssignale zu bestimmen.

Ist Mining eine praktikable Option?

Mining auf eigene Faust ist teuer, aber einige Unternehmen bieten Mining-Dienstleistungen wie
FEEL MINING (www.feel-mining.com)
Sie sind ein von der AMF reguliertes Unternehmen, das französische Äquivalent der SEC.

Abonnieren Sie keine Bergbauunternehmen, die nicht reguliert sind, da Sie sonst riskieren, Ihre Investition zu verlieren.

Das Mining von Bitcoin oder ETH sollte eine langfristige Anlagestrategie sein und damit sind Kosten verbunden.

Es gibt viele Kryptowährungen auf dem Markt, aber nur wenige haben echte Projekte damit verbunden. Seien Sie also nicht zum Narren beim Kauf billiger Münzen, die normalerweise als beschissene Münzen bezeichnet werden
Jeder kann ein Token erstellen, aber in 99,99% der Fälle werden sie von keinem Projekt gesichert.

Bitcoin und Ethereum sind im Wesentlichen die einzigen Kryptos, in die Sie wirklich langfristig investieren sollten.

Kapitel 3
Bitcoin Mining: Der Prozess der Erstellung neuer Bitcoins

1. Die technischen Aspekte des Bitcoin-Minings, einschließlich der Verwendung von spezialisierter Hard- und Software und der Lösung komplexer mathematischer Probleme, um Transaktionen zu validieren und neue Bitcoins zu erstellen.
2. Die Wirtschaftlichkeit des Bitcoin-Minings, einschließlich der Kosten für Strom, Hardware und andere Ausgaben, und die potenziellen Renditen für Bergleute.
3. Die verschiedenen Arten von Mining-Pools, ihre Vor- und Nachteile und wie Sie den besten für Ihre Bedürfnisse auswählen.

4. Die Zukunft des Bitcoin-Minings, einschließlich der möglichen Auswirkungen von Fortschritten in der Technologie und Änderungen im regulatorischen Umfeld.

5. Wie man einen profitablen Bitcoin-Mining-Betrieb aufbaut und betreibt, einschließlich Tipps zur Kostenminimierung und Maximierung der Rendite.

6. Fallstudien erfolgreicher Bitcoin-Mining-Operationen und Lehren aus den Erfahrungen erfahrener Bergleute.

1. Die technischen Aspekte des Bitcoin-Minings:

Bitcoin-Mining ist der Prozess, durch den neue Bitcoins erstellt werden. Es ist ein dezentraler Prozess, der von einem Netzwerk von Computern durchgeführt wird, die komplexe mathematische Gleichungen lösen. Der Prozess ist so konzipiert, dass er schwierig ist, so dass nur eine bestimmte Anzahl neuer Bitcoins pro Tag erstellt werden kann. Die genaue Anzahl der neuen Bitcoins, die pro Tag erstellt werden, wird durch eine mathematische Formel namens "Blockbelohnung" bestimmt, die im Laufe der Zeit abnehmen soll. Dies geschieht, um das Gesamtangebot an Bitcoins zu kontrollieren und den Wert der Währung stabil zu halten.

Die technischen Aspekte des Bitcoin-Minings beinhalten die Verwendung spezieller Software, um komplexe mathematische Gleichungen zu lösen. Diese Gleichungen sind Teil des Prozesses, der Transaktionen im Bitcoin-Netzwerk bestätigt. Wenn ein Miner eine dieser Gleichungen löst, wird er mit einer bestimmten Anzahl neuer Bitcoins belohnt. Der Prozess des Minings hilft auch, das Bitcoin-Netzwerk zu sichern, indem er Transaktionen bestätigt und es für eine Person oder Gruppe schwierig macht, das Netzwerk zu kontrollieren.

Um Bitcoin zu minen, benötigen Sie einen Computer mit einer leistungsstarken Grafikverarbeitungseinheit (GPU) und einer speziellen Mining-Software. Sie benötigen auch Zugang zu einer großen Menge an Strom, da der Prozess des Bergbaus sehr energieintensiv sein kann. Die Schwierigkeit, Bitcoin abzubauen, hat im Laufe der Zeit erheblich zugenommen und ist heute in der Regel nur für diejenigen rentabel, die Zugang zu großen Mengen an Rechenleistung und billigem Strom haben.

2. Die Wirtschaftlichkeit von Bitcoin Mining:

Die Wirtschaftlichkeit des Bitcoin-Minings ist komplex und kann von einer Vielzahl von Faktoren beeinflusst werden, einschließlich der Stromkosten, der Kosten für Hardware und anderer Ausgaben.

Einer der Hauptkosten, die mit dem Bitcoin-Mining verbunden sind, sind die Stromkosten. Miner müssen ihre leistungsstarken Computer 24/7 betreiben, um mit der Konkurrenz Schritt zu halten und ihre Position im Netzwerk zu behaupten. Dies erfordert eine erhebliche Menge an Energie, die sehr kostspielig sein kann. Zusätzlich zu den Stromkosten müssen Miner auch in spezialisierte Hardware wie ASICs investieren, was ziemlich teuer sein kann. Diese Kosten können sich schnell summieren und potenzielle Renditen auffressen.

Trotz dieser Kosten entscheiden sich viele Miner aufgrund der potenziellen Belohnungen für die Teilnahme am Bitcoin-Netzwerk. Wenn ein Miner erfolgreich ein komplexes mathematisches Problem löst und der Blockchain einen Block hinzufügt, wird er mit einer bestimmten Anzahl von Bitcoins belohnt. Die Anzahl der Bitcoins, die für jeden Block belohnt werden, nimmt im Laufe der Zeit ab, aber der Wert von Bitcoins kann auch steigen, was es zu einem potenziell profitablen Unterfangen macht. Darüber hinaus können Miner auch Transaktionsgebühren für die Überprüfung von Transaktionen in der Blockchain verdienen, was ebenfalls zu ihren Renditen beitragen kann.

Aufgrund des hohen Wettbewerbs in der Bergbauindustrie kann es jedoch schwierig sein, die potenziellen Renditen vorherzusagen. Die

Kosten für Hardware und Strom können sich ebenfalls schnell ändern, was es schwierig macht, die Rentabilität des Bitcoin-Minings abzuschätzen. Darüber hinaus ist der Preis von Bitcoin sehr volatil, was es auch schwierig machen kann, die potenziellen Renditen vorherzusagen. Trotz dieser Herausforderungen entscheiden sich viele Menschen immer noch für Bitcoin wegen der potenziellen Belohnungen und der Möglichkeit, Teil eines dezentralen Netzwerks zu sein, das die Finanzwelt verändert.

3. Die verschiedenen Arten von Mining-Pools, ihre Vor- und Nachteile und wie Sie den besten für Ihre Bedürfnisse auswählen können

Mining-Pools sind Gruppen von Minern, die ihre Rechenressourcen kombinieren, um ihre Chancen zu erhöhen, neue Blöcke zu finden und Blockbelohnungen zu verdienen. Es gibt verschiedene Arten von Mining-Pools, die jeweils ihre eigenen Vor- und Nachteile haben. Einige Mining-Pools sind groß und gut etabliert, während andere klein und experimenteller sind.

Bei der Auswahl eines Mining-Pools ist es wichtig, Faktoren wie die Größe des Pools, Gebühren und Belohnungsstruktur zu berücksichtigen. Größere Pools können konsistentere Auszahlungen haben, aber sie können auch höhere Gebühren haben.

Auf der anderen Seite können kleinere Pools niedrigere Gebühren haben, aber ihre Auszahlungen können weniger konsistent sein. Darüber hinaus ist es auch wichtig, die Belohnungsstruktur des Pools zu berücksichtigen, da einige Pools ein proportionales System verwenden, bei dem Miner basierend auf der Menge an Rechenleistung, die sie beitragen, belohnt werden, während andere ein Pay-per-Share-System verwenden, bei dem Miner basierend auf der Anzahl der von ihnen eingebrachten Aktien belohnt werden. Letztendlich hängt die Wahl eines Mining-Pools von den individuellen Vorlieben und Zielen des Miners ab.

Eine der häufigsten Arten von Mining-Pools ist der traditionelle Pool, in dem Miner eine feste Belohnung für jeden Block erhalten, den sie beim Abbau unterstützen. Diese Pools haben in der Regel eine niedrige Mindestauszahlungsschwelle und bieten stabile, konsistente Auszahlungen.

Eine andere Art von Mining-Pool ist der Pay-per-Share (PPS) -Pool, in dem Miner basierend auf der Anzahl der Aktien, die sie zum Pool beitragen, bezahlt werden. Diese Pools haben in der Regel eine höhere Mindestauszahlungsschwelle, bieten jedoch höhere Auszahlungen pro Aktie.

Eine dritte Art von Mining-Pool ist der proportionale Pool, in dem Miner basierend auf dem Anteil der gesamten Rechenleistung, den sie zum Pool beitragen, bezahlt werden. Diese Pools bieten eine variablere Auszahlungsstruktur, können aber für Miner mit leistungsstarker Hardware profitabler sein.

Es gibt andere verschiedene Arten von Mining-Pools wie Solo-Mining-Pool, PPLNS, PPS + und mehr. Jeder hat seine eigenen Vor- und Nachteile und es ist wichtig, sie zu berücksichtigen, um das Beste für Ihre Bedürfnisse auszuwählen.

4. Die Zukunft des Bitcoin-Minings, einschließlich der möglichen Auswirkungen von Fortschritten in der Technologie und Änderungen im regulatorischen Umfeld.

Die Zukunft des Bitcoin-Bergbaus ist ungewiss, es ist wahrscheinlich, dass sich der Mining-Prozess weiterentwickeln wird, da sich die Technologie weiterentwickelt und sich das regulatorische Umfeld ändert. Zum Beispiel könnte die zunehmende Nutzung erneuerbarer Energiequellen und die Entwicklung energieeffizienterer Bergbauhardware dazu beitragen, die Umweltauswirkungen des Bergbaus zu reduzieren.

Fortschritte in der Technologie werden wahrscheinlich einen erheblichen Einfluss auf die Zukunft des Bitcoin-Minings haben. Einer der wichtigsten Faktoren ist die Entwicklung effizienterer Mining-Hardware. Da die Hardware leistungsfähiger und energieeffizienter wird, sinken die Kosten für den Abbau von Bitcoin. Dies könnte es für Einzelpersonen und kleine Bergbaubetriebe profitabler machen, am Netzwerk teilzunehmen, was möglicherweise den Mining-Prozess dezentralisiert.

Eine weitere wichtige technologische Entwicklung ist die Verwendung von spezialisierten Chips, sogenannten Application Specific Integrated Circuits (ASICs), die speziell für den Abbau von Bitcoin entwickelt wurden. Diese Chips haben die Effizienz und Geschwindigkeit des Bergbaus erhöht, was es für Einzelpersonen schwieriger macht, mit großen Bergbaubetrieben zu konkurrieren.

Darüber hinaus kann die Entwicklung neuer Konsensalgorithmen wie Proof of Stake (PoS), die eine Alternative zum aktuellen Proof of Work (PoW) -Algorithmus darstellen, die Art und Weise verändern, wie das Netzwerk gesichert ist und wie neue Bitcoins geprägt werden. Diese neuen Algorithmen können auch das Mining energieeffizienter und weniger abhängig von spezialisierter Hardware machen.

Schließlich dürfte auch das regulatorische Umfeld in der Zukunft des Bitcoin-Minings eine Rolle spielen. Regierungen auf der ganzen Welt sind immer noch dabei, herauszufinden, wie Kryptowährungen reguliert werden können, und Änderungen der Vorschriften könnten einen großen Einfluss auf die Bergbauindustrie haben. Wenn beispielsweise die Stromkosten aufgrund von Vorschriften steigen, könnte dies den Bergbau weniger rentabel machen und zur Zentralisierung des Bergbaubetriebs in Regionen mit günstigeren Vorschriften führen.

5. Wie man einen profitablen Bitcoin-Mining-Betrieb aufbaut und betreibt, einschließlich Tipps zur Kostenminimierung und Maximierung der Rendite.

Um einen profitablen Bitcoin-Mining-Betrieb aufzubauen und zu betreiben, gibt es mehrere wichtige Faktoren zu berücksichtigen. Der erste sind die Stromkosten, da dies einen großen Einfluss auf die Gesamtrentabilität des Betriebs haben kann. Bergleute müssen einen Standort mit niedrigen Stromtarifen und einer zuverlässigen Stromquelle finden.

Ein weiterer wichtiger Faktor, der berücksichtigt werden muss, sind die Kosten für Hardware. Bitcoin-Mining erfordert spezielle Geräte wie ASICs (Application-Specific Integrated Circuits), die in der Anschaffung und Wartung teuer sein können. Bergleute müssen auch die Kosten für Kühlgeräte einplanen, da der Bergbauprozess eine erhebliche Menge an Wärme erzeugt.

Bergleute müssen auch die potenziellen Renditen berücksichtigen. Der Preis von Bitcoin und die Schwierigkeit des Bergbaus können schwanken, daher ist es wichtig, eine Marktanalyse durchzuführen und eine fundierte Entscheidung darüber zu treffen, wann mit dem Mining begonnen und wann geschürfte Münzen verkauft werden sollen.

Schließlich müssen Bergleute auch die Vorschriften in den Ländern, in denen sie tätig sind, berücksichtigen, da Gesetze und Vorschriften die Rentabilität eines Bergbaubetriebs stark beeinflussen können. Es ist wichtig, alle Steuern und Vorschriften zu kennen, die für Bergbaubetriebe gelten, und diese einzuhalten.

Beim Einrichten und Betrieb eines Bitcoin-Mining-Betriebs gibt es einige Schlüsselstrategien, mit denen Sie Kosten minimieren und die Rendite maximieren können. Eine wichtige Strategie ist die sorgfältige Auswahl Ihrer Mining-Hardware. Dies bedeutet, dass Sie sich für energieeffiziente, leistungsstarke und zuverlässige Geräte entscheiden müssen. Es ist auch wichtig, einen guten Standort für Ihren Bergbaubetrieb zu wählen, da die Stromkosten je nach Standort erheblich variieren können.

Eine weitere wichtige Strategie ist der Beitritt zu einem Mining-Pool. Wenn Sie einem Mining-Pool beitreten, können Sie die Kosten und Belohnungen des Bergbaus mit anderen Bergleuten teilen, was dazu beitragen kann, Ihre Gewinnchancen zu erhöhen. Bei der Auswahl eines Mining-Pools ist es wichtig, die Gebühren, die Auszahlungsstruktur und den allgemeinen Ruf des Pools zu berücksichtigen.

Eine kostensparende Strategie besteht darin, erneuerbare Energien für den Bergbau zu nutzen, was dazu beitragen kann, die Stromkosten erheblich zu senken, was eine der größten Ausgaben im Zusammenhang mit dem Bitcoin-Mining ist. Dies kann erreicht werden, indem Sie Ihren Bergbaubetrieb an einem Ort einrichten, an dem erneuerbare Energiequellen wie Solar- oder Wasserkraft leicht verfügbar sind, oder indem Sie in erneuerbare Energiegeräte wie Sonnenkollektoren oder Windturbinen investieren.

Schließlich ist es wichtig, über die neuesten Entwicklungen in der Bitcoin-Mining-Branche informiert zu bleiben. Dazu gehört, über neue Mining-Hard- und Software sowie Änderungen der Vorschriften und Marktbedingungen auf dem Laufenden zu bleiben. Wenn Sie informiert bleiben, können Sie bessere Entscheidungen darüber treffen, wie Sie Ihren Bergbaubetrieb betreiben, und Sie können besser darauf vorbereitet sein, sich an neue Herausforderungen anzupassen, sobald sie auftreten.
Antwort neu generieren

6. **Fallstudien erfolgreicher Bitcoin-Mining-Operationen und Lehren aus den Erfahrungen erfahrener Bergleute.**

1. Die Lage ist der Schlüssel. Bergleute müssen einen Standort mit niedrigen Stromkosten finden, da der Energieverbrauch die Hauptkosten für einen Bergbaubetrieb ist. Einige Bergleute haben Erfolg bei der Nutzung erneuerbarer Energiequellen wie Wasserkraft oder Geothermie.
2. Skalierbarkeit ist wichtig. Ein Bergbaubetrieb sollte in der Lage sein, leicht zu expandieren und aufzurüsten, wenn die Schwierigkeit des Bergbaus steigt und neue Technologien verfügbar werden.
3. Vernetzung ist entscheidend. Der Beitritt zu einem Mining-Pool oder die Gründung eines Mining-Konsortiums kann Bergleuten helfen, ihre Chancen zu erhöhen, neue Blöcke zu finden und Belohnungen zu verdienen.
4. Bleiben Sie informiert. Mit den neuesten Entwicklungen in der Bitcoin-Mining-Branche und regulatorischen Änderungen auf dem Laufenden zu bleiben, kann Bergleuten helfen, bessere Entscheidungen zu treffen und wettbewerbsfähig zu bleiben.
5. Betrachten Sie das große Ganze. Bitcoin-Mining ist eine langfristige Investition, und Bergleute sollten ein klares Verständnis der potenziellen Risiken und Chancen haben, bevor sie eintauchen.
6. Diversifizieren Sie Ihren Mining-Betrieb. Einige erfahrene Miner haben ihre Mining-Operationen diversifiziert, indem sie neben Bitcoin auch andere Kryptowährungen abgebaut haben. Dies kann dazu beitragen, das Risiko des Abbaus einer bestimmten Kryptowährung auszugleichen.

Einige der renommiertesten Bitcoin-Mining-Unternehmen sind:

1. Marathon Digital Holdings (MARA)

Marathon Digital Holdings, Inc. ist ein Technologieunternehmen für digitale Assets, das Kryptowährungen mit Schwerpunkt auf dem Blockchain-Ökosystem und der Generierung digitaler Assets abbaut.

Das Unternehmen wurde am 23. Februar 2010 gegründet und hat seinen Hauptsitz in Las Vegas, NV.

2. RIOT Platforms Inc (RIOT)

Riot Platforms, Inc. ist ein Bitcoin-Mining-Unternehmen, das sich mit der Bereitstellung spezieller Kryptowährungs-Mining-Computer beschäftigt. Es investiert in Verady, Coinsquare und Tess. Das Unternehmen wurde am 24. Juli 2000 gegründet und hat seinen Hauptsitz in Castle Rock, CO.

Ihr Aktienkurs ist abhängig vom Bitcoin-Preis, aber gleichzeitig ist die Investition in den zugrunde liegenden Wert von Bitcoin durch Mining-Unternehmen eine kluge Investition und muss langfristig als Teil eines vielfältigen Portfolios betrachtet werden.

Kapitel 4
Bitcoin-Transaktionen und Wallet-Management: So kaufen, verkaufen und sichern Sie Ihre Bitcoins

Wenn es um den Kauf und Verkauf von Bitcoins geht, gibt es eine Vielzahl von Methoden, die Sie verwenden können. Eine beliebte Möglichkeit ist die Verwendung einer Kryptowährungsbörse wie Coinbase oder Binance, mit der Sie Bitcoins (und andere Kryptowährungen) mit Fiat-Währung (z. B. USD, EUR) oder anderen Kryptowährungen kaufen und verkaufen können.

Eine weitere Möglichkeit ist die Verwendung eines Peer-to-Peer-Marktplatzes wie LocalBitcoins, www.bitcoin.de, der Käufer und Verkäufer direkt verbindet. In diesem Fall können Sie Bitcoins möglicherweise mit Bargeld oder einer Banküberweisung kaufen, abhängig von den Präferenzen des Verkäufers.

Sobald Sie einige Bitcoins erhalten haben, ist es wichtig, sie sicher zu speichern. Eine Möglichkeit, dies zu tun, ist die Verwendung einer Software-Wallet, wie die Bitcoin Core Wallet oder Mycelium, mit der Sie Ihre eigenen privaten Schlüssel steuern können. Eine weitere Möglichkeit ist die Verwendung einer Hardware-Brieftasche wie Trezor oder Ledger, die Ihre privaten Schlüssel auf einem sicheren Gerät speichert, das von Ihrem Computer getrennt ist.

Es ist auch wichtig, Ihren Computer und Ihr mobiles Gerät vor Malware und Viren zu schützen und ein starkes und einzigartiges Passwort für Ihre Brieftasche zu verwenden. Bewahren Sie Ihren Wiederherstellungssamen an einem sicheren Ort auf und vermeiden Sie es, Ihren privaten Schlüssel mit anderen zu teilen. Stellen Sie außerdem sicher, dass Sie von einem seriösen Verkäufer kaufen, und recherchieren Sie selbst über das Unternehmen, von dem Sie kaufen, bevor Sie Ihren Kauf tätigen.

Coinbase ist wahrscheinlich das beste Unternehmen in den USA und bitcoin.de in der EU, um Ihre Bitcoins zu kaufen. Beide Unternehmen sind in ihrem jeweiligen Land reguliert und nicht offshore tätig.

Sie können einen wiederkehrenden Kauf auf Coinbase einrichten, der es einfacher macht, langfristig zu sparen.

Coinbase hat dort über 150 Kryptowährungen gelistet, so dass es einfacher ist, Ihr Portfolio zu diversifizieren. Stellen Sie jedoch sicher, dass Sie vor dem Kauf recherchieren, da nicht alle von ihnen durch ein seriöses und zuverlässiges Projekt unterstützt werden.

Kapitel 5
Die rechtliche und regulatorische Landschaft von Bitcoin: Navigieren in der komplexen Welt der Kryptowährungsgesetze

1. Ein Überblick über den aktuellen rechtlichen Status von Bitcoin und anderen Kryptowährungen in verschiedenen Ländern auf der ganzen Welt.
2. Die regulatorischen Rahmenbedingungen, die von Regierungen geschaffen wurden, um die Verwendung und den Handel von Kryptowährungen zu überwachen, wie die Anforderung an Börsen, sich bei Finanzbehörden zu

registrieren und Know-Your-Customer (KYC) und Anti-Geldwäsche (AML) -Maßnahmen umzusetzen.
3. Die potenziellen rechtlichen Risiken und Herausforderungen für Unternehmen und Einzelpersonen, die Bitcoin verwenden, wie z. B. Fragen im Zusammenhang mit Steuern, Wertpapiergesetzen und Geldübertragungsvorschriften.
4. Die anhaltende Debatte darüber, wie die Verwendung von Bitcoin und anderen Kryptowährungen am besten reguliert und gesetzlich geregelt werden kann, und die unterschiedlichen Ansätze von Regierungen und internationalen Organisationen.
5. Wie man sich in der rechtlichen und regulatorischen Landschaft von Bitcoin und anderen Kryptowährungen zurechtfindet, einschließlich Tipps zur Compliance und Best Practices für Unternehmen und Einzelpersonen.
6. Die Zukunft der Kryptowährungsvorschriften
7. Die möglichen Auswirkungen von Vorschriften auf das Wachstum und die Einführung von Bitcoin und anderen Kryptowährungen

1. Ein Überblick über den aktuellen rechtlichen Status von Bitcoin und anderen Kryptowährungen in verschiedenen Ländern auf der ganzen Welt.

Der rechtliche Status von Bitcoin und anderen Kryptowährungen variiert stark von Land zu Land. In einigen Ländern, wie Japan und Südkorea, sind Bitcoin und andere Kryptowährungen vollständig legal und reguliert und können wie jede andere Währung gekauft, verkauft und für Transaktionen verwendet werden. In anderen Ländern wie China und Russland ist die Verwendung von Bitcoin und anderen Kryptowährungen stark eingeschränkt oder ganz verboten.

In den Vereinigten Staaten ist der rechtliche Status von Bitcoin und anderen Kryptowährungen noch etwas unklar. Der IRS hat Bitcoin für steuerliche Zwecke als Eigentum eingestuft, aber die SEC und andere Regulierungsbehörden arbeiten immer noch daran, einen umfassenden Rahmen für die Regulierung der Verwendung von Kryptowährungen zu entwickeln. Dies hat zu einem Flickenteppich von Vorschriften und Richtlinien auf staatlicher Ebene geführt, die es Einzelpersonen und Unternehmen erschweren können, sich in der rechtlichen Landschaft von Bitcoin und anderen Kryptowährungen zurechtzufinden.

Im Allgemeinen ist es für Einzelpersonen und Unternehmen wichtig, sich über die rechtlichen und regulatorischen Entwicklungen im Zusammenhang mit Bitcoin und anderen Kryptowährungen in ihrem Land sowie über eventuell geltende internationale Gesetze zu informieren. Es ist auch wichtig, professionelle Rechtsberatung in Anspruch zu nehmen, wenn Sie Transaktionen oder Aktivitäten im Zusammenhang mit Bitcoin oder anderen Kryptowährungen durchführen.

In Bezug auf die Regulierung haben einige Länder eine regulatorische Sandbox für Krypto-Assets, einen regulatorischen Rahmen, der es Innovatoren ermöglicht, neue krypto-asset-bezogene Produkte, Dienstleistungen oder Geschäftsmodelle in einer Live-Umgebung unter dem wachsamen Auge der Regulierungsbehörde zu testen. Dies geschieht, um ein besseres Verständnis der Krypto-Assets und der Blockchain-Technologie zu erlangen und den Branchenteilnehmern regulatorische Klarheit zu verschaffen.

Das heißt, hier sind die freundlichsten Bitcoin-Länder der Welt bis heute.

- Schweiz.
- Luxemburg.
- Gibraltar.
- El Salvador.
- Singapur.
- Estland.
- Deutschland.

- Portugal.

Krypto-Steuerfreie Länder:

- Kaimaninseln. Steuerlicher Wohnsitz.
- El Salvador. Steuerlicher Wohnsitz.
- Deutschland. Steuerlicher Wohnsitz.
- Malaysien. Steuerlicher Wohnsitz.
- Malta. Steuerlicher Wohnsitz.
- Portugal. Steuerlicher Wohnsitz.

2. Die regulatorischen Rahmenbedingungen, die von Regierungen geschaffen wurden, um die Verwendung und den Handel von Kryptowährungen zu überwachen, wie die Anforderung an Börsen, sich bei Finanzbehörden zu registrieren und Know-Your-Customer (KYC) und Anti-Geldwäsche (AML) -Maßnahmen umzusetzen.

Die rechtliche und regulatorische Landschaft von Bitcoin und anderen Kryptowährungen ist von Land zu Land sehr unterschiedlich. In einigen Ländern, wie Japan und Südkorea, sind Bitcoin und andere Kryptowährungen vollständig legal und reguliert, wobei Börsen sich bei den Finanzbehörden registrieren und Know-Your-Customer (KYC) und Anti-Geldwäsche (AML) Maßnahmen umsetzen müssen. In anderen Ländern wie China und Indien ist die Verwendung von Kryptowährungen stark eingeschränkt oder ganz verboten.

Um sich in der komplexen Welt der Kryptowährungsgesetze zurechtzufinden, ist es wichtig, über die neuesten Entwicklungen und regulatorischen Rahmenbedingungen in verschiedenen Ländern auf dem Laufenden zu bleiben. Dies kann die Überwachung offizieller Regierungsankündigungen und Leitlinien sowie die Überwachung der Maßnahmen von Aufsichtsbehörden wie der Securities and Exchange Commission (SEC) in den Vereinigten Staaten und der Financial Conduct Authority (FCA) im Vereinigten Königreich umfassen.

Es ist auch wichtig zu wissen, dass sich Gesetze und Vorschriften schnell ändern können, daher ist es wichtig, informiert zu bleiben und sich an neue Regeln und Anforderungen anzupassen, sobald sie veröffentlicht werden. Darüber hinaus können einige Länder unterschiedliche Gesetze und Vorschriften für verschiedene Arten von Kryptowährungen haben, daher ist es wichtig, die spezifischen Regeln zu verstehen, die für die Kryptowährung gelten, an der Sie interessiert sind.

Darüber hinaus ist es auch wichtig, die steuerlichen Auswirkungen des Kaufs, Verkaufs und Haltens von Bitcoin und anderen Kryptowährungen zu berücksichtigen. In vielen Ländern unterliegen Kryptowährungstransaktionen der Kapitalertragssteuer, und es ist wichtig, sich dieser Steuerpflichten bewusst zu sein und genaue Aufzeichnungen über Ihre Transaktionen zu führen.

In Anbetracht der Tatsache, dass sich die Gesetze ständig ändern und manchmal nicht zu Ihren Gunsten sind, ist die Wahl der richtigen Gerichtsbarkeit für Ihre Investition entscheidend und entscheidend.

Wenn Sie viele Bitcoins halten, wäre es sinnvoll, in ein steuerfreundliches Land zu ziehen.

3. **Die potenziellen rechtlichen Risiken und Herausforderungen, mit denen Unternehmen und Einzelpersonen konfrontiert sind, die Bitcoin verwenden, z. B. Probleme im Zusammenhang mit Steuern, Wertpapiergesetzen und Geldübertragungsvorschriften**

Die potenziellen rechtlichen Risiken und Herausforderungen für Unternehmen und Einzelpersonen, die Bitcoin verwenden, können je nach Land oder Gerichtsbarkeit, in der sie tätig sind, variieren. Einige der wichtigsten Aspekte, die berücksichtigt werden müssen, sind:

- Besteuerung: Bitcoin und andere Kryptowährungen werden oft steuerlich als Eigentum behandelt, was bedeutet, dass sie Kapitalertragssteuern unterliegen können, wenn sie verkauft oder gegen andere Währungen getauscht werden. Die steuerliche Behandlung von Bitcoin kann jedoch von Land zu Land sehr unterschiedlich sein, und es ist wichtig, sich der spezifischen Regeln und Vorschriften in Ihrer Gerichtsbarkeit bewusst zu sein.

- Wertpapiergesetze: Je nachdem, wie Bitcoin verwendet und vermarktet wird, kann es als Wertpapier betrachtet werden und unterliegt daher den Wertpapiergesetzen. Dies kann besonders relevant für Initial Coin Offerings (ICOs) und andere Fundraising-Mechanismen sein, die den Verkauf von Token oder anderen digitalen Assets beinhalten.

- Geldübertragungsvorschriften: Bitcoin und andere Kryptowährungen werden oft als eine Form von Geld oder Wert angesehen, und als solche können sie Vorschriften unterliegen, die die Übertragung von Geldern regeln. Dies kann Anforderungen für die Lizenzierung, Registrierung und Einhaltung der Vorschriften zur Bekämpfung von Geldwäsche (AML) und Know-Your-Customer (KYC) umfassen.

Insgesamt ist es wichtig, sich der rechtlichen und regulatorischen Landschaft von Bitcoin und anderen Kryptowährungen bewusst zu sein und professionellen Rat einzuholen, wenn Sie Fragen oder

Bedenken darüber haben, wie diese Gesetze auf Ihre spezifische Situation angewendet werden können.

4. **Die anhaltende Debatte darüber, wie die Verwendung von Bitcoin und anderen Kryptowährungen am besten reguliert und gesetzlich geregelt werden kann, und die unterschiedlichen Ansätze von Regierungen und internationalen Organisationen.**

Die anhaltende Debatte darüber, wie die Verwendung von Bitcoin und anderen Kryptowährungen am besten reguliert und gesetzlich geregelt werden kann, ist ein komplexes und facettenreiches Thema. Auf der einen Seite gibt es diejenigen, die argumentieren, dass Kryptowährungen als traditionelle finanzielle Vermögenswerte behandelt werden sollten und den gleichen Vorschriften unterliegen sollten wie andere Geldformen. Dies würde die Umsetzung von Vorschriften zur Verhinderung von Geldwäsche und anderen illegalen Aktivitäten sowie Maßnahmen zum Schutz von Verbrauchern und Anlegern umfassen.

Auf der anderen Seite gibt es diejenigen, die argumentieren, dass Kryptowährungen aufgrund ihrer dezentralen Natur und des Potenzials, sie für innovative und disruptive Zwecke zu verwenden, anders behandelt werden sollten als traditionelle Finanzanlagen. Dies würde bedeuten, dass die Regulierung stärker freihändig angegangen wird, damit sich die Technologie entwickeln und weiterentwickeln kann, ohne Innovationen zu ersticken.

Regierungen und internationale Organisationen verfolgen unterschiedliche Ansätze bei der Regulierung von Kryptowährungen. Einige Länder, wie Japan und Südkorea, haben die Technologie angenommen und Vorschriften erlassen, um ihre Entwicklung und Nutzung zu fördern. Andere Länder, wie China und Indien, haben einen vorsichtigeren Ansatz gewählt und strenge Vorschriften eingeführt, um die Verwendung von Kryptowährungen zu begrenzen.

Das regulatorische Umfeld für Kryptowährungen ändert sich ständig, da Regierungen und internationale Organisationen sich weiterhin damit auseinandersetzen, wie diese neue und sich schnell entwickelnde Technologie am besten reguliert werden kann. Für Unternehmen und Einzelpersonen, die Bitcoin verwenden, ist es wichtig, über die rechtliche und regulatorische Landschaft in ihren jeweiligen Ländern informiert zu bleiben und sich mit Rechtsexperten zu beraten, um sicherzustellen, dass sie alle geltenden Gesetze und Vorschriften einhalten.

5. **Wie man sich in der rechtlichen und regulatorischen Landschaft von Bitcoin und anderen Kryptowährungen zurechtfindet, einschließlich Tipps zur Compliance und Best Practices für Unternehmen und Einzelpersonen.**

Die Navigation in der rechtlichen und regulatorischen Landschaft von Bitcoin und anderen Kryptowährungen kann komplex sein, da die Gesetze und Vorschriften von Land zu Land variieren und sich an vielen Orten noch entwickeln. Hier sind ein paar Tipps, wie Sie sich in dieser Landschaft zurechtfinden:

1. Recherchieren Sie die Gesetze und Vorschriften in Ihrem Land oder Ihrer Region: Verstehen Sie den aktuellen rechtlichen Status von Bitcoin und anderen Kryptowährungen in Ihrem Land sowie alle Gesetze und Vorschriften, die für deren Verwendung und Handel gelten.
2. Bleiben Sie auf dem Laufenden über Änderungen und Entwicklungen: Die Gesetze und Vorschriften in Bezug auf Kryptowährungen entwickeln sich ständig weiter, daher ist es wichtig, über Änderungen oder neue Entwicklungen informiert zu bleiben.
3. Verstehen Sie die Anforderungen für die Compliance: Viele Länder verlangen von Unternehmen und Einzelpersonen, die Bitcoin und andere Kryptowährungen verwenden, dass sie bestimmte Gesetze und Vorschriften einhalten, z. B. Know-Your-Customer (KYC) und Anti-Geldwäsche-Maßnahmen (AML). Stellen Sie sicher, dass Sie diese

Anforderungen verstehen, und ergreifen Sie Maßnahmen, um sie einzuhalten.
4. Suchen Sie professionellen Rat: Wenn Sie ein Unternehmen oder eine Einzelperson sind, die Bitcoin oder andere Kryptowährungen verwendet oder plant, ist es eine gute Idee, sich an einen Juristen oder Buchhalter zu wenden, der mit den Gesetzen und Vorschriften in Ihrem Land vertraut ist.
5. Seien Sie sich der möglichen Risiken bewusst: Die Verwendung von Bitcoin und anderen Kryptowährungen kann bestimmte rechtliche Risiken mit sich bringen, z. B. Fragen im Zusammenhang mit Steuern, Wertpapiergesetzen und Geldübertragungsvorschriften. Seien Sie sich dieser Risiken bewusst und ergreifen Sie Maßnahmen, um sie zu mindern.
6. Befolgen Sie Best Practices: Übernehmen Sie Best Practices für die Verwendung und Verwaltung Ihrer Bitcoin und anderer Kryptowährungen, z. B. die Sicherheit Ihrer privaten Schlüssel, die Verwendung einer seriösen Brieftasche und den Umgang nur mit vertrauenswürdigen Parteien.

6. Die Zukunft der Kryptowährungsvorschriften

Die Zukunft der Kryptowährungsvorschriften ist ungewiss und kann je nach Land und Region variieren. Einige Länder waren offener für Kryptowährungen und haben relativ freizügige Vorschriften eingeführt, während andere ihre Verwendung vollständig verboten haben.

Im Allgemeinen wird erwartet, dass die Regierungen die Verwendung und den Handel von Kryptowährungen weiterhin genauer unter die Lupe nehmen und strengere Vorschriften erlassen werden, um Bedenken in Bezug auf Geldwäsche, Betrug und andere

Finanzkriminalität auszuräumen. Dies könnte eine verstärkte Aufsicht über den Austausch von Kryptowährungen, strengere Anforderungen an die Identifizierung und Verifizierung von Kunden sowie neue Regeln für die Besteuerung umfassen.

Auf der anderen Seite glauben einige Experten wie Larry Fink, CEO von Blackrock, dass die Technologie hinter Kryptowährungen, insbesondere Blockchain, das Potenzial hat, Branchen über das Finanzwesen hinaus zu revolutionieren. Dies könnte in Zukunft zu einer Lockerung der Vorschriften und der Übernahme durch die Regierung führen.

Internationale Organisationen wie die G20 und die Financial Action Task Force (FATF) haben ebenfalls mögliche globale Standards für die Regulierung von Kryptowährungen diskutiert. Aufgrund der dezentralen Natur von Kryptowährungen ist es jedoch unwahrscheinlich, dass ein globaler Konsens leicht erreicht werden kann.

7. **Die möglichen Auswirkungen von Vorschriften auf das Wachstum und die Einführung von Bitcoin und anderen Kryptowährungen**

Die möglichen Auswirkungen von Vorschriften auf das Wachstum und die Einführung von Bitcoin und anderen Kryptowährungen sind ein Thema der laufenden Debatte. Auf der einen Seite argumentieren einige, dass Vorschriften dem Markt mehr Legitimität und Stabilität verleihen können, was ihn für Unternehmen und Investoren attraktiver macht. Vorschriften können auch dazu beitragen, illegale Aktivitäten wie Geldwäsche und Betrug zu verhindern. Auf der anderen Seite argumentieren andere, dass starke Vorschriften Innovationen ersticken und die Attraktivität von Kryptowährungen als dezentrale Alternative zu traditionellen Finanzsystemen einschränken könnten.

In Bezug auf spezifische Vorschriften gibt es eine Reihe von Bereichen, in denen die Regierungen begonnen haben, Maßnahmen zu ergreifen. Eine der wichtigsten ist die Anforderung an Börsen, sich bei den Finanzbehörden zu registrieren und Know-Your-Customer (KYC) und Anti-Geldwäsche-Maßnahmen (AML) umzusetzen. Diese Vorschriften sollen illegale Aktivitäten wie Geldwäsche und Betrug verhindern, aber sie können es Einzelpersonen auch erschweren, Bitcoin und andere Kryptowährungen anonym zu verwenden.

Ein weiterer regulatorischer Schwerpunkt war die Besteuerung. In vielen Ländern werden Bitcoin und andere Kryptowährungen steuerlich als Eigentum behandelt, was bedeutet, dass Einzelpersonen und Unternehmen Steuern auf Kapitalgewinne zahlen müssen, wenn sie ihre Münzen verkaufen oder handeln. Dies kann zusätzliche Komplexität und Compliance-Kosten für Benutzer verursachen und einige Leute auch davon abhalten, Bitcoin und andere Kryptowährungen zu verwenden.

Schließlich gibt es laufende Debatten darüber, wie die Verwendung von Bitcoin und anderen Kryptowährungen in Bereichen wie Wertpapiergesetzen und Geldübertragungsvorschriften reguliert werden kann. Einige Regierungen haben einen eher freihändigen Ansatz gewählt, während andere restriktivere Maßnahmen vorgeschlagen oder umgesetzt haben. Da sich der Markt weiterentwickelt, ist es wahrscheinlich, dass sich auch die regulatorische Landschaft weiter verändern wird. Die Zukunft der Vorschriften ist ungewiss und hängt davon ab, wie sich der Markt und die Regierungen an die neue Technologie anpassen.

Kapitel 6

Bitcoin und die Zukunft der Zahlungssysteme: Wie die Blockchain-Technologie die Art und Weise verändert, wie wir für Waren und Dienstleistungen bezahlen

Die Blockchain-Technologie, die zugrunde liegende Technologie hinter Bitcoin und anderen Kryptowährungen, hat das Potenzial, die Art und Weise, wie wir für Waren und Dienstleistungen bezahlen, zu revolutionieren. Einer der Hauptvorteile der Blockchain-Technologie ist ihre Fähigkeit, sichere, dezentrale und transparente Transaktionen zu ermöglichen. Dies bedeutet, dass Transaktionen ohne die Notwendigkeit eines zentralen Vermittlers, wie z. B. einer Bank, abgeschlossen werden können und von jedem im Blockchain-Netzwerk verfolgt und verifiziert werden können.

Eine der wichtigsten Möglichkeiten, wie die Blockchain-Technologie die Art und Weise, wie wir für Waren und Dienstleistungen bezahlen, verändert, ist die Verwendung von Kryptowährung. Bitcoin und andere Kryptowährungen können verwendet werden, um Zahlungen für Waren und Dienstleistungen wie traditionelle Fiat-Währungen zu tätigen. Der Vorteil der Verwendung von Kryptowährung besteht darin, dass Transaktionen schneller und kostengünstiger als herkömmliche Zahlungsmethoden abgeschlossen werden können. Darüber hinaus sind Kryptowährungstransaktionen im Allgemeinen sicherer, da sie durch fortschrittliche Verschlüsselung geschützt sind und keinen Betrug oder Rückbuchungen unterliegen.

Eine weitere Möglichkeit, wie die Blockchain-Technologie die Art und Weise, wie wir für Waren und Dienstleistungen bezahlen, verändert, ist die Verwendung intelligenter Verträge. Smart Contracts sind selbstausführende Verträge, bei denen die Bedingungen der Vereinbarung zwischen Käufer und Verkäufer direkt in Codezeilen geschrieben werden. Diese Verträge werden im Blockchain-Netzwerk gespeichert und repliziert und können automatisch ausgeführt werden, wenn bestimmte Bedingungen erfüllt sind. Smart Contracts können verwendet werden, um verschiedene Arten von Transaktionen zu erleichtern, einschließlich des Austauschs von Geld, Waren und Dienstleistungen.

Schließlich hat die Blockchain-Technologie das Potenzial, die Art und Weise, wie wir für Waren und Dienstleistungen bezahlen, durch die Nutzung dezentraler Marktplätze und Plattformen zu verändern. Diese Plattformen können intelligente Verträge und Blockchain-Technologie verwenden, um Peer-to-Peer-Transaktionen zu ermöglichen, ohne dass ein zentraler Vermittler erforderlich ist. Dies kann zu effizienteren und kostengünstigeren Marktplätzen mit niedrigeren Transaktionsgebühren und weniger Betrug führen.

Zusammenfassend lässt sich sagen, dass die Blockchain-Technologie das Potenzial hat, die Art und Weise, wie wir für Waren und Dienstleistungen bezahlen, zu verändern, indem sie sichere, dezentrale und transparente Transaktionen durch den Einsatz von Kryptowährung, intelligenten Verträgen und dezentralen Marktplätzen ermöglicht.

Kapitel 7
Bitcoin und Blockchain für Unternehmen: Wie Unternehmen die Technologie nutzen, um Branchen zu stören

Die Blockchain-Technologie ist eine revolutionäre neue Art der Speicherung und des Austauschs von Daten, die das Potenzial hat, viele verschiedene Branchen zu stören. Eine der wichtigsten Möglichkeiten, wie es die Art und Weise verändert, wie wir für Waren und Dienstleistungen bezahlen, ist die Verwendung von Kryptowährungen wie Bitcoin. Diese digitalen Währungen nutzen die Blockchain-Technologie, um schnelle, sichere und grenzenlose Transaktionen zu ermöglichen, ohne dass Vermittler wie Banken oder Kreditkartenunternehmen erforderlich sind.

Unternehmen aus den unterschiedlichsten Branchen beginnen, das Potenzial der Blockchain-Technologie zu erforschen und nutzen sie, um neue und innovative Produkte und Dienstleistungen zu entwickeln. In der Finanzbranche wird Blockchain beispielsweise verwendet, um dezentrale Börsen und Plattformen für Peer-to-Peer-Kredite und Crowdfunding zu schaffen. In der Lieferkettenindustrie wird Blockchain verwendet, um transparentere und effizientere Systeme zur Verfolgung der Warenbewegungen zu schaffen und sicherzustellen, dass sie ethisch einwandfrei sind.

Ein weiterer Bereich, in dem Blockchain einen signifikanten Einfluss hat, ist der Bereich der digitalen Identität. Blockchain-basierte Systeme können verwendet werden, um sichere, dezentrale und manipulationssichere digitale Identitäten zu erstellen, die für eine Vielzahl von Zwecken wie Abstimmungen, Bankgeschäfte und den Zugriff auf Regierungsdienste verwendet werden können.

Schließlich wird Blockchain auch verwendet, um neue Geschäftsmodelle und Einnahmequellen zu schaffen. Zum Beispiel verwenden Blockchain-basierte Plattformen wie Steemit und Akasha Blockchain, um dezentrale Social-Media-Netzwerke zu erstellen, in denen Benutzer mit Kryptowährung für die Erstellung und Kuratierung von Inhalten belohnt werden. Und Blockchain-basierte Plattformen wie Ethereum ermöglichen die Schaffung dezentraler autonomer Organisationen (DAOs), die ohne menschliche Aufsicht arbeiten können.

Insgesamt verändert die Blockchain-Technologie die Art und Weise, wie wir für Waren und Dienstleistungen bezahlen, und ermöglicht es Unternehmen, traditionelle Branchen zu stören und neue Geschäftsmodelle zu schaffen.

Kapitel 8
Fortgeschrittene Themen in Bitcoin: Von Smart Contracts zu Lightning Networks

Die Entwicklung der Blockchain-Technologie hat zur Entwicklung neuer Funktionen und Fähigkeiten geführt, die über das Grundkonzept eines dezentralen Ledgers hinausgehen. Eine solche Entwicklung ist die Verwendung von Smart Contracts, bei denen es sich um selbstausführende Verträge handelt, bei denen die Bedingungen der Vereinbarung direkt in Codezeilen geschrieben sind. Dies ermöglicht die automatische Ausführung des Vertrags, sobald bestimmte vordefinierte Bedingungen erfüllt sind. Smart Contracts können für eine Vielzahl von Anwendungen eingesetzt werden, vom Supply Chain Management bis hin zu Immobilientransaktionen.

Eine weitere Entwicklung in der Blockchain-Technologie ist die Verwendung von Lightning Networks, die die Skalierbarkeit und Geschwindigkeit von Transaktionen auf Bitcoin und anderen Blockchain-Netzwerken erhöhen sollen. Dies wird erreicht, indem eine zweite Schicht auf der Blockchain erstellt wird, die ein hohes Volumen kleiner Transaktionen außerhalb der Kette verarbeiten kann, wobei nur die Endergebnisse auf der Blockchain aufgezeichnet werden. Dies kann die Datenmenge, die in der Blockchain verarbeitet und gespeichert werden muss, erheblich reduzieren, was schnellere und billigere Transaktionen ermöglicht.

Der Einsatz von Smart Contracts und Blitznetzwerken sind nur zwei Beispiele dafür, wie die Blockchain-Technologie entwickelt wird, um den sich ändernden Bedürfnissen von Unternehmen und Verbrauchern gerecht zu werden. Da sich die Technologie ständig weiterentwickelt, können wir in Zukunft noch mehr innovative Anwendungen und Fähigkeiten erwarten.

Da sich die Technologie weiterentwickelt, finden Unternehmen und Unternehmer immer mehr Möglichkeiten, sie in verschiedenen Branchen anzuwenden. Von Finanzen über das Gesundheitswesen bis hin zur Logistik hilft die Blockchain-Technologie Unternehmen, traditionelle Geschäftsmodelle zu stören, Transparenz und Effizienz zu erhöhen und neue Wachstums- und Innovationsmöglichkeiten zu schaffen.

Kapitel 9
Bitcoin-Sicherheit und Datenschutz: Schutz Ihrer digitalen Assets vor Hackern und Betrügern

Der Schutz Ihrer digitalen Assets wie Bitcoin und andere Kryptowährungen vor Hackern und Betrügern ist ein kritischer Aspekt bei der Verwendung dieser Assets. Hier sind ein paar Tipps, die Ihnen helfen, Ihre Vermögenswerte zu schützen:

1. Verwenden Sie eine Hardware-Wallet: Hardware-Wallets sind physische Geräte, die Ihre privaten Schlüssel offline speichern, wodurch sie viel schwieriger zu hacken sind als Software-Wallets.
2. Zwei-Faktor-Authentifizierung aktivieren: Die Zwei-Faktor-Authentifizierung (2FA) fügt eine zusätzliche Sicherheitsebene hinzu, indem zusätzlich zu Ihrem Passwort ein Code von Ihrem Telefon verlangt wird.
3. Halten Sie Ihre Software auf dem neuesten Stand: Die regelmäßige Aktualisierung Ihrer Software, einschließlich Ihres Betriebssystems und aller Wallet-Software, kann Sie vor bekannten Schwachstellen schützen.
4. Seien Sie vorsichtig bei Phishing-Versuchen: Betrüger können versuchen, Sie dazu zu bringen, ihnen Ihre privaten

Schlüssel oder Seed-Phrasen zu geben, indem sie vorgeben, eine legitime Website oder ein legitimer Dienst zu sein. Überprüfen Sie immer die URL und seien Sie vorsichtig, wenn Sie auf Links in E-Mails oder Nachrichten klicken.
5. Vermeiden Sie öffentliches WLAN: Öffentliche WLAN-Netzwerke können anfällig für Hackerangriffe sein, daher ist es am besten, sie nicht für den Zugriff auf Ihre digitalen Assets zu verwenden.
6. Informieren Sie sich: Bleiben Sie über die neuesten Betrügereien und Hacking-Versuche informiert, damit Sie wissen, worauf Sie achten müssen.
7. Diversifizieren Sie Ihre Vermögenswerte: Anstatt alle Ihre digitalen Assets an einem Ort aufzubewahren, sollten Sie sie auf verschiedene Wallets und Dienste verteilen, um Ihr Risiko zu minimieren.

Indem Sie diese Richtlinien befolgen und wachsam sind, können Sie dazu beitragen, Ihre digitalen Assets vor Hackern und Betrügern zu schützen.

Kapitel 10
Fazit: Die Auswirkungen von Bitcoin auf das globale Finanzsystem und die Zukunft des Geldes

Bitcoin und andere Kryptowährungen haben das Potenzial, das globale Finanzsystem und die Art und Weise, wie wir über Geld denken, stark zu beeinflussen. Eines der Hauptmerkmale von Bitcoin ist, dass es dezentralisiert ist, was bedeutet, dass es nicht von einer Regierung oder Institution kontrolliert wird. Dies ermöglicht eine größere Transparenz und Sicherheit bei Transaktionen, da es keinen zentralen Fehlerpunkt gibt, der von Hackern angegriffen werden kann.

Darüber hinaus ermöglicht die Verwendung der Blockchain-Technologie, die Bitcoin und anderen Kryptowährungen zugrunde liegt, schnellere und billigere Transaktionen im Vergleich zu herkömmlichen Finanzsystemen. Dies kann Einzelpersonen und Unternehmen in unterversorgten oder unterentwickelten Regionen erheblich zugute kommen, die Kosten senken und die Geschwindigkeit des globalen Handels erhöhen.

Es gibt jedoch auch Bedenken hinsichtlich der möglichen negativen Auswirkungen von Bitcoin und anderen Kryptowährungen auf das globale Finanzsystem. Dazu gehören das Potenzial für illegale Aktivitäten wie Geldwäsche und Steuerhinterziehung ebenso wie die Volatilität des Marktes und die fehlende Regulierung.

Trotz dieser Bedenken ist klar, dass Bitcoin und andere Kryptowährungen das Potenzial haben, die Zukunft des Geldes und des globalen Finanzsystems stark zu beeinflussen. Da die Technologie und Infrastruktur rund um diese digitalen Assets weiter reift und sich weiterentwickelt, wird es für Regierungen, Finanzinstitute und Einzelpersonen wichtig sein, die durch diese revolutionäre Technologie verursachten Veränderungen zu verstehen und sich daran anzupassen.

Bonuskapitel: Die besten Unternehmen, die Sie kaufen können, verwalten und sichern Ihre Bitcoins.

Es gibt eine Reihe von Unternehmen, die Dienstleistungen für den Kauf, die Verwaltung und die Sicherung von Bitcoins anbieten. Einige der beliebtesten und etabliertesten Unternehmen in diesem Bereich sind:

1. Coinbase: Eine der beliebtesten und benutzerfreundlichsten Plattformen zum Kaufen, Verkaufen und Speichern von Bitcoins. Es bietet eine mobile App und ist in über 100 Ländern verfügbar.
2. Blockchain.com: Ein beliebter Wallet-Anbieter, der auch eine Reihe von Tools für die Verwaltung und den Handel mit Bitcoins anbietet. Es gilt als eine der sichersten Wallet-Optionen.
3. Binance: Eine führende Kryptowährungsbörse, die eine breite Palette von Handelspaaren anbietet, einschließlich Bitcoin.
4. Ledger: Ein Unternehmen, das eine Reihe von Hardware-Wallets zum Speichern und Verwalten von Bitcoins offline anbietet, was als die sicherste Möglichkeit gilt, digitale Assets zu speichern.
5. Trezor: Ein weiteres Unternehmen, das eine Reihe von Hardware-Wallets zum Offline-Speichern von Bitcoins anbietet.
6. PayPal: Sie können eine wiederkehrende Kauforder für Bitcoin und ETH festlegen
7. Revolut: ein Fintech-Unternehmen, das eine Reihe von Kryptowährungen anbietet
8. Nexo: Ein Fintech-reguliertes Unternehmen, das eine Reihe sorgfältig ausgewählter Kryptos anbietet. Nexo bietet eine Debitkarte an, mit der Sie Geld ausgeben können, ohne Ihre Krypto zu verkaufen.
9. Etoro: ein Fintech-Unternehmen aus Israel. Obwohl der Spread teurer ist, sind sie ein zuverlässiges Unternehmen, das eine Bitcoin-gesicherte Brieftasche und eine Debitkarte anbietet.

Wenn Sie den zugrunde liegenden Wert von Bitcoin oder Ethereum kaufen möchten, können Sie in die folgenden Unternehmen investieren:

MARA
RANDALIEREN
COINBASE
MSTR (MICROSTRATEGY INC)

PayPal

Als Faustregel gilt, was auch immer Sie verdienen, Sie sollten immer versuchen, mit 70% Ihres Einkommens zu leben, 20% in Ersparnisse und 10% zu investieren, um Ihre Schulden zu bezahlen. Leichter gesagt als getan, aber wenn Sie sich daran halten, sind Sie auf dem Weg, 1 Million Dollar und mehr zu verdienen. Es könnte nur in Bitcoin sein, aber auch hier ist ein diversifiziertes Portfolio die beste Sicherheit, die Sie sich selbst geben können.

Nur eines ist sicher – das heißt, nichts ist sicher.

www.ingramcontent.com/pod-product-compliance
Lightning Source LLC
Chambersburg PA
CBHW050321220526
45465CB00005B/2080